AF562908

QUELQUES RÉFLEXIONS

SUR LA PRESSE.

Imprimerie de HENNUYER et Ce, rue Lemercier, 24. Batignolles.

QUELQUES RÉFLEXIONS

SUR LA PRESSE

PAR M. LAURENT BARRÉ.

« De quoi se plaignent ceux qui dénoncent et qui flétrissent « les excès de la presse ?
« Ils se plaignent, non sans raison, de cette dictature formi- « dable et mystérieuse qui s'abrite dans le journalisme, dicta- « ture sans nom, qui frappe d'autant plus sûrement qu'elle « est invisible, et dont la main ne se montre que sous un gant « de fer. Quels sont les titres de ces grands juges des gouverne- « ments, des réputations, des idées ? personne ne les connaît. « Les individualités s'effacent, les écrivains disparaissent ; ou, « pour mieux dire, il n'y a pas d'écrivains, il n'y a que des « plumes taillées qui vous blessent, qui vous déchirent, qui vous « outragent, sans que la main qui les tient puisse craindre la « flétrissure du mépris public. C'est l'obus qui éclate sous les « pieds du soldat, on ne sait pas qui a tenu la mèche pour mettre « le feu à la poudre. Il y a une victime, il n'y a pas de meur- « trier. » (*Extrait du journal* la Presse, ... *septembre* 1850.)

PARIS
LEDOYEN, LIBRAIRE, PALAIS-NATIONAL.
31, GALERIE D'ORLÉANS.

1851

QUELQUES RÉFLEXIONS

SUR LA PRESSE.

« De quoi se plaignent ceux qui dénoncent et qui flétrissent « les excès de la presse ?

« Ils se plaignent, non sans raison, de cette dictature formi- « dable et mystérieuse qui s'abrite dans le journalisme, dicta- « ture sans nom, qui frappe d'autant plus sûrement qu'elle « est invisible, et dont la main ne se montre que sous un gant « de fer. Quels sont les titres de ces grands juges des gouverne- « ments, des réputations, des idées ? personne ne les connaît. « Les individualités s'effacent, les écrivains disparaissent ; ou, « pour mieux dire, il n'y a pas d'écrivains, il n'y a que des « plumes taillées qui vous blessent, qui vous déchirent, qui vous « outragent, sans que la main qui les tient puisse craindre la « flétrissure du mépris public. C'est l'obus qui éclate sous les « pieds du soldat, on ne sait pas qui a tenu la mèche pour mettre « le feu à la poudre. Il y a une victime, il n'y a pas de meur- « trier. » (*Extrait du journal* la Presse, ... *septembre* 1850.)

Employé subalterne, à mes devoirs fidèle,
De dix heures à cinq je m'occupe avec zèle ;
Mais, il faut l'avouer, pour lire les journaux
Trop souvent je fais trêve à d'utiles travaux.
C'est une double faute ; ici je m'en accuse
D'autant plus volontiers, que le temps dont j'abuse

En cherchant à saisir leurs écrits corrupteurs,
Ne laisse en mon esprit qu'amertume et frayeurs,
Et qu'il me semble voir, au fruit qu'on en retire,
Qu'il vaudrait beaucoup mieux se passer de les lire.

Dans le modeste état où je vis ignoré,
Sur les malheurs du temps que de fois j'ai pleuré!
Exempt d'ambition, étranger à ce monde,
J'écoute, néanmoins, la foudre au loin qui gronde,
Et ne peux m'empêcher, car j'aime mon pays,
De redouter pour lui les funestes conflits
Qui naissent chaque jour des débats politiques,
De ces réunions, trop souvent anarchiques,
Où le peuple, et surtout le peuple de Paris,
Se laisse influencer par de méchants écrits,
De perfides discours, dont la subtile adresse
A de mauvais desseins le font rêver sans cesse.

De même que les rois le peuple a ses flatteurs,
Il écoute, ainsi qu'eux, de trompeuses douceurs;

Moins fait pour les juger, il y croit mieux encore,
Et s'engoue aisément des choses qu'il ignore;
Toujours mal éclairé, beaucoup trop confiant,
Il donne à plein collier dans l'œuvre du méchant.
Que de légers esprits, de gens à courte vue,
S'éprennent des papiers colportés dans la rue,
Des propos médisants, des odieux pamphlets,
Des bruits empoisonnés répandus à l'excès!
La Diffamation, le Mensonge, l'Injure,
S'efforcent, chaque jour, d'épancher leur souillure.

Pourquoi donc cet empire exercé sur nos sens
Par ces écrits moqueurs, caustiques, impudents,
Par ces mordants bons mots et ces caricatures
Destinés chaque jour à verser les injures
Sur le chef de l'État et les gens du Pouvoir?
N'est-il pas assez lourd leur pénible devoir?
Pourquoi les abreuver de dures épigrammes
Qui corrodent le cœur, découragent les âmes,

Et ne tendent toujours, par leur funeste effet,
Qu'à déconsidérer quiconque en est l'objet?
En France, on le sait trop, le ridicule tue,
Et par lui toute estime est bien vite abattue.
Trop aisément chez nous, pour faire l'érudit,
On pardonne à la farce, aux écarts de l'esprit;
De ces méchancetés on glose, on aime à rire,
Sans réfléchir au mal qu'elles peuvent produire.

J'essaye d'exprimer ce que font naître en moi
Les écarts de la Presse et sa mauvaise foi,
Et, dans tous les partis, c'est aux gens raisonnables
Que je veux signaler ses tendances coupables.

Depuis plus de vingt ans, les chansons, les romans,
Les journaux, le théâtre, en leurs divers accents,
Ont prêché, constamment, d'une voix corruptrice,
La folle liberté, la licence, le vice,
Accoutumé le peuple au mépris des pouvoirs,
A la haine, à l'envie, à l'oubli des devoirs.

Orateurs, écrivains, scribes, folliculaires,
Firent de ces trois points leurs textes ordinaires.
Que n'ont-ils pas tenté pour qu'il tombe à jamais
Dans les réseaux serrés de leurs adroits filets?
Comme ils ont employé, dans leurs malignes œuvres,
Les plus coupables soins, les plus basses manœuvres,
Afin de pervertir son esprit, sa bonté,
De corrompre son cœur et sa moralité!
Ils voulaient en sa tête implanter, faire naître
Des désirs insensés, un besoin de bien-être
Impossible à trouver, et le rendre envieux
De tout ce qu'en la France on nommait les heureux:
Ils sont trop parvenus à leurs fins détestables,
Et les suites, hélas! en furent déplorables.

Au premier, sous le toit, l'ambition, la faim,
Pour un si beau travail, avaient un écrivain;
C'étaient, pour la plupart, de pauvres humoristes,
De moroses penseurs, de vulgaires artistes,

Qui, rêvant le talent, ressentaient le besoin,
Ou d'être mécontents prenaient un bien grand soin;
Puis aussi des frondeurs, des brouillons politiques,
Avides d'exercer leurs acerbes critiques
Et d'épancher le fiel de leur opinion
Dans toute arène ouverte à leur ambition.

Ces hommes dangereux, prêts à tout entreprendre
Pour dénigrer, noircir, accuser, ou surprendre;
On les vit, à toute heure, exciter, sans regrets,
Dans leur aveuglement, Français contre Français,
Provoquer l'Étranger, adresser des menaces,
Insulter le Pouvoir, faire la guerre aux places,
Être les ennemis de leur gouvernement,
Tant qu'ils n'émargeaient pas un état de paiement,
Ou sinon, pour suffire à leur folle dépense,
Vendre à plus d'un parti leur infâme assistance;
A la rébellion les pousser chaque jour,
Faire naître le trouble en la ville, à la cour,

Et, se gorgeant du prix de leur lâche industrie,
Abjurer tout honneur, n'avoir point de patrie.
Quel mal ont fait chez nous les discours violents,
Les funestes produits de ces cerveaux brûlants
Que prône trop souvent la presse mercantile
Et qu'admire par suite une foule imbécile!
Que de pensers amers, que de réflexions,
Viennent briser le cœur par leurs émotions,
En songeant que ce mal fut trop souvent l'ouvrage
D'hommes dont le savoir, l'esprit sont le partage,
D'hommes dont les talents employés au repos,
Au bonheur du pays, devaient de tous ses maux
Le préserver et non le troubler sans relâche,
Comme ils semblaient, hélas! en avoir pris la tâche!
Et pourquoi faut-il donc, parmi ces écrivains,
Avoir compté des gens aux vices trop enclins,
Piliers d'estaminets, de bals et de guinguettes,
Vivant dans le désordre et d'emprunts et de dettes,

Qu'on voyait se complaire en de sales plaisirs,
Ou dans de beaux salons employer leurs loisirs,
Sans fortune y trancher parfois du sybarite,
Mais trop souvent finir, à force d'inconduite,
Par aller, comme un gueux, mourir à l'hôpital,
En accusant le Ciel de leur destin fatal,
Après qu'avec du fiel, du sang et de la boue,
Ils avaient essayé de salir ce qu'on loue,
De louer ce qu'on blâme, et de justifier
Les assassins d'un roi, l'infâme meurtrier
D'un courageux ministre, ou les anthropophages
Tuant un général et l'abreuvant d'outrages!

Le théâtre autrefois fut l'école des mœurs;
C'était là qu'en riant, chacun, de ses erreurs,
Chacun, de ses défauts, apercevait le blâme
Dans d'honnêtes tableaux qui parlaient à son âme.
L'esprit du spectateur, vers le bien dirigé,
Était de ses travers doucement corrigé.

On fredonnait alors la chanson égrillarde,
Mais de la politique on se donnait de garde;
L'horrible du roman était toujours banni,
La vertu triomphait, le crime était puni.
Le journal se bornait à nous parler de gloire,
Des nouvelles du jour, de combats, de victoire.
Ce genre inoffensif de publications
Ne mettait pas en jeu d'atroces passions,
N'excitait pas le pauvre à la révolte, au crime,
Lui faisait concevoir, dans son état infime,
L'ordre avec le travail, sources du vrai bonheur,
Le consolant espoir d'un avenir meilleur.

Les temps ont bien changé! Depuis lors, sur la scène,
Le langage devint licencieux, obscène;
On entendit vanter, d'un ton dur ou plaisant,
Des principes affreux en style malfaisant;
Il fallut voir le crime avec des airs risibles,
Dans un argot du bagne, en des drames horribles,

Exposer hautement ses dogmes révoltants,
Et les hideux tableaux de spectacles sanglants;
Dans ses productions, l'effronté Romantisme,
Afficher, sans pudeur, un dégoûtant cynisme,
Et se plaire à braver, en toute occasion,
Le Pouvoir, la Morale, et la Religion;
Dans des articles faux, l'impudent Journalisme,
En parlant chaque jour de son patriotisme,
Exciter au tumulte un peuple malheureux,
Par des avis pervers, par des conseils affreux,
Et, semant le soupçon d'une manière infâme,
De la guerre civile alimenter la flamme.

Surgissant de tous points, grand nombre d'écrivain,
Pour les choses du jour remplis de fiers dédains,
S'acharna, sans raison, contre toute puissance,
Parut des opprimés prendre en main la défense,
Et, de cet ancien thème, exhumant les fatras,
S'attendrit sur des maux qu'on ne connaissait pas.

On s'efforça surtout, dans toutes conjonctures,
De nous peindre les Grands sous d'atroces figures,
De les représenter comme des ennemis
Et de leur imputer nos maux et nos ennuis;
L'opulent, l'homme en place aussi, par leur richesse,
Seuls avaient amené la publique détresse ;
Il fallait, disait-on, à ces Mondors repus
Demander à l'instant compte de leurs abus.

Nous avions force gens d'un esprit bénévole,
Prêts à vendre aux partis leur plume ou leur parole,
Des lettrés sans emploi, se donnant le mandat
De gourmander les rois, de régenter l'Etat.
Avocats sans clients, médecins sans malades,
Entonnèrent d'accord mille jérémiades.
Les clercs de la Basoche, au bon temps d'autrefois
Se croyant revenus, à refaire les lois
Se dirent appelés; enfin, de nos écoles
Sortant tout récemment, mille têtes frivoles

Crurent aussi devoir nous faire, à leur façon,
Sur la chose publique une fière leçon.
La Jeunesse, en ce temps, était présomptueuse,
Nous la vîmes plus sage et, partant, plus heureuse.
Qui ne l'admirait pas lorsqu'aux murs de Paris,
De nos vieux bataillons secondant les débris,
Elle faisait au Russe, aux nations armées,
Acheter chèrement leurs indignes trophées?
Cachés sous un faux air de modération,
Les uns, remplis d'envie et de prétention,
En s'affublant parfois du nom de prolétaire,
Ne levèrent pas moins les yeux au ministère.
On semblait dédaigner les places, les honneurs,
Et, pourtant, on grillait d'arriver aux grandeurs.
Les autres plus hardis, et d'un ton colérique,
S'avançaient au grand jour dans la voie anarchique;
Et, pour tous ces messieurs, c'était un parti pris
De tout envenimer en d'atroces écrits.

Soit que leur lâche plume insulte ou bien flagorne,
La fureur du combat ne connut pas de borne;
Dans la vive ardeur dont ils furent dévorés,
Parfois même on les vit, aveugles conjurés,
Que le zèle éblouit, que la fureur transporte,
S'acharner bravement sur une bête morte,
Célébrer leur victoire et n'être aux yeux de tous
Que des niais, des sots, des méchants ou des fous.

Au courage, aux talents, aux vertus qu'en nos Chambres
Firent toujours briller tant d'honorables membres
Qui par leurs actions, par de sages discours
Prêtent au bien public un utile concours,
Qu'il est doux d'applaudir, alors que la droiture
Qu'on les voit apporter dans leur magistrature,
En joignant la raison à la capacité,
Conserve en même temps l'ordre et la liberté!
Mais si l'œil clairvoyant de l'homme raisonnable
Cherche à percer le sens de l'esprit intraitable

Que laissent, à toute heure, en la discussion,
Exhaler les soutiens de l'Opposition ;
S'il demande un motif à cette noire bile
Qui va se débordant, en injures fertile,
Qu'aperçoit-il, hélas ! à travers ces grands mots :
Rendre le peuple heureux, abaisser les impôts ?
Un habile moyen, employé par l'intrigue,
Pour marcher sourdement au Pouvoir qu'elle brigue ;
Il voit avec douleur se mouvoir des partis
Sous ce masque hypocrite avec art travestis ;
N'y découvre-t-il pas le sujet de la guerre
Qu'avec tant de fureur on livre au Ministère,
Ainsi que la tactique et le secret espoir
Qui dirigent les coups qu'on fait sur lui pleuvoir ?
Tandis qu'autour de nous de tant de malveillance
Se répandit ainsi la coupable influence,
Put-on jamais attendre, espérer quelque bien
De l'exaltation, du feu quotidien

Que ce fatal état, ces choses déplorables
Allumaient en des cœurs trop impressionnables,
Et lorsqu'à tout moment, la Presse, sans motif,
Effrayait les esprits dans un but subversif?
Que de gens timorés, de crédules victimes,
Se laissèrent aller à ces fausses maximes,
En ne s'expliquant pas pourquoi, si constamment,
On attaquait le Chef et son gouvernement,
Sans jamais, une fois quittant un tel office,
A leurs actes de bien rendre quelque justice,
Ou reconnaître, enfin, en ennemis loyaux,
Les bonnes qualités ainsi que les défauts!
Dans l'éternel refrain de ces plaintes banales,
Dans ces réunions, ces clubs et ces cabales,
Où de vils écrivains, en injures féconds,
De misérables gueux, orateurs furibonds,
Sur la scène du monde envieux d'apparaître,
Usent de tels moyens pour s'y faire connaître,

Que voit-on si ce n'est l'orgueil, l'ambition,
Le besoin de se faire une position,
De se donner surtout une grande importance,
D'acquérir sur la foule une telle influence
Que l'on puisse bientôt espérer de se voir
Devenir son idole et marcher au Pouvoir?

Sur un peuple léger que le scandale attire,
C'est ainsi que s'exerce un satanique empire.
La Presse le flattait pour s'en faire un ami,
Comptant bien voir par là son crédit affermi.
Elle ne cachait pas son but, son espérance,
C'était de devenir bientôt une puissance.
Déjà, tout en brûlant devant lui l'encensoir,
Elle s'intitulait quatrième Pouvoir,
Enfin, pour posséder de si grands avantages,
Sa plume, sans pudeur, parla tous les langages.

Anathème sur ceux qui, dans de tels desseins,
Ont osé se servir de semblables moyens!

Ils ne firent, hélas! que trop de prosélytes
Dans de faibles cerveaux, fanatiques lévites
Du progrès, de la gloire et de la liberté
Aveuglément poussés jusqu'à l'extrémité.
Aussi, grâce à leurs soins, à leur funeste adresse,
Devînmes-nous bien vite un peuple d'une espèce
Mécontente, irascible, encline à chicaner,
Et toujours beaucoup moins facile à gouverner;
Trop disposés à voir tout en mal, quoi qu'on fasse,
Nous ne trouvions jamais rien qui nous satisfasse;
A nos yeux le Pouvoir fut plein d'iniquités,
Et nous le tourmentions pour des futilités.
Bientôt, dans l'atelier, l'étude, la boutique,
Ce fut une fureur de parler politique;
Chacun, dans les journaux faisant, dès le matin,
Ample provision de fiel et de venin,
Contre les gouvernants déblatérait sans cesse,
Et crut de son devoir de seconder la Presse,

En frondant, en blâmant les actes du Pouvoir,
Parfois sans les connaître ou sans les concevoir.
On prenait à la lettre, en âmes trop zélées,
Ces articles subtils, ces plaintes simulées,
Ces lamentations, ces cris accusateurs,
Et ces faux bruits de guerre, et ces vaines clameurs
Que jetaient avec feu, dans leur fatal délire,
A cette ardente soif que nous avions de lire,
Les immenses journaux, les publications
Qui venaient, à toute heure, inonder nos maisons.

Inquiet, soupçonneux, le torrent populaire
Devint sombre, grondeur, exigeant et colère,
Rejeta loin de lui toute espèce de frein,
Aux lois de son pays ne se crut plus astreint;
Mais fidèle à la voix d'un coupable mot d'ordre,
Il arbora soudain l'étendard du Désordre,
Et tout fier de lui-même et faisant l'entendu,
Donnant tête baissée en un piége tendu ,

Ainsi qu'un pauvre sot, commit la faute énorme
D'aller pousser le cri de : Vive la Réforme.

Faut-il parler des maux que ce cri nous valut?
En verrons-nous un jour sortir notre salut?
Car, des événements telle est la destinée,
Que, du plus grand désastre, une ère fortunée
Peut quelquefois sortir et fixer désormais
Chez une nation le bon sens et la paix.
Qu'à notre esprit, enfin devenu raisonnable,
L'école du malheur soit au moins profitable;
Et si, jusqu'à ce jour, plus heureux que prudents,
Nous avons traversé ces bouleversements
Dont nous sommes encor tout froissés, tout malades,
Ne renouvelons pas de telles escapades;
Il ne faut pas ainsi jouer avec le feu,
On met en la partie un trop sinistre enjeu.
Évitons le retour de telles catastrophes;
Révoltes et malheurs sont toujours limitrophes.

De la rébellion les funestes accès
Ne laissent après eux que débris et regrets;
Sanguinaire, féroce, avide de tapage,
Pour atteindre son but rien n'arrête sa rage;
De son aveuglement n'écoutant que la voix,
Sourde aux cris du bon sens, de la raison, des lois,
Elle creuse le gouffre où les arts, l'industrie,
Le crédit, le repos, seuls soutiens de la vie,
Viennent tous s'engloutir et fermer pour longtemps
Les sources de l'aisance et les heureux instants.

Souvent, trop attentif à la voix qui l'égare,
Le peuple, étourdiment, se fait dur et barbare;
Parce qu'on le lui dit, il se croit malheureux
Plus qu'il ne l'est vraiment, et devient, en ses vœux,
Toujours plus exigeant, même déraisonnable;
Faut-il le dire, enfin, n'est-il pas bien coupable
Alors que, dans l'espoir de bientôt savourer
Les éphémères biens qu'on lui fait espérer,

On le voit, excité par une aveugle haine,
De nos utiles lois vouloir briser la chaîne,
Se jeter dans le champ des révolutions,
Y servir les projets d'atroces passions,
Et, prenant pour ami quiconque le caresse,
S'y laisser entraîner sous la quadruple ivresse
Du vin, des voluptés, de la gloire et du sang,
Comme un jeune coursier dont on presse le flanc,
Céder au feu secret d'une fureur sauvage,
Marcher à la révolte, au combat, au pillage?

Et, dans le même but, n'est-ce point à dessein
Qu'on semble le pousser à faire abus du vin?
Des chansons, de beaux vers font son apologie,
Et le riche et le pauvre ont leur ivrognerie,
Pour l'un dans des salons, couché sur des tapis,
Pour l'autre dans un bouge, au milieu d'un taudis.
Que d'immoralités, que de scènes hideuses,
Que de tristes tableaux, que de choses affreuses,

Chaque jour, dans Paris, la cité des grandeurs,
Par cet horrible vice étalent leurs laideurs,
Et dont, pour éviter à sa femme, à sa fille
Le scandaleux aspect, le père de famille,
Plein d'un juste courroux contre de tels ébats,
Doit détourner, soudain, et leurs yeux et leurs pas !
N'est-il pas arrivé que des actes coupables
A la faveur du vin se sont dits excusables?
Ainsi, n'a-t-on pas vu devant nos tribunaux
Se dérouler souvent ces sinistres tableaux
Où l'assassin, couvert du manteau de l'ivresse,
Vient s'en faire une excuse au jour de sa détresse?
Et, chose trop pénible à voir en notre temps,
N'est-ce pas, à Paris, les défauts des enfants ?
De bonne heure, au milieu du luxe ou des misères,
Qu'ils apprennent, hélas ! de choses mensongères !
En les étudiant avec attention ,
On reconnaît l'effet de cette attraction

Trop propre à faire naître, en leur faible et jeune âge,
Les méchantes façons ou le mauvais langage.
Qui n'a pas remarqué comme ils sont, en leurs jeux,
Colères, entêtés, irascibles, hargneux?
Ils possèdent souvent la parole impudique,
L'assurance effrontée et le geste lubrique.

A leurs mauvais instincts les uns abandonnés
Deviennent promptement joueurs désordonnés,
Désertant et l'école et les leçons du maître
Pour les bruits du dehors qu'ils brûlent de connaître;
Au moindre mouvement, comme des vagabonds,
Ils courent sur la place en troupeaux furibonds;
Par leur sale crayon nos plus beaux édifices
Sont empreints chaque jour de profanes esquisses;
Le tumulte leur plaît, et toujours insolents,
C'est un plaisir pour eux d'insulter les passants.

Les autres plus pervers, avides de tapage,
Cherchent l'occasion de décider l'orage,

Et dans les jours de trouble, on a vu comme ils vont,
Peut-être sans savoir l'horrible mal qu'ils font,
Se joindre aux factieux, répandre les alarmes,
Envahir les maisons où se trouvent des armes,
Des premiers s'en saisir, et, fiers d'un tel butin,
Tuer, assassiner de leur débile main
Des soldats confiants et ne se doutant guères
Qu'ils dussent redouter de pareils adversaires.
De coupables parents voilà les dignes fils;
On les nomme, en riant, les gamins de Paris,
Et de leur gentillesse un plaisant vaudeville
A fait un doux portrait qu'applaudit cette ville.
Le mode libéral de notre instruction,
Le peu de soin qu'on prend de l'éducation,
Laissent peut-être aussi croître en ces jeunes têtes
Un peu trop de façons de moins en moins honnêtes;
Elles prêtent l'oreille aux cris de liberté,
Mais n'en prennent, hélas! que le mauvais côté.

Ah ! que nous sommes loin de cette politesse
Qu'on rencontrait jadis, même dans la jeunesse,
Alors que l'on savait conserver les égards
Que méritent le sexe ainsi que les vieillards,
L'un envers l'autre user de justes déférences,
Et, sans un vain orgueil, conserver les distances !

Au soleil, à la pluie, en des jours de frimas,
Louis le Grand parlait aux dames chapeau bas,
Et le peuple, en ce temps, imitateur fidèle
De la cour et des grands, les prenait pour modèle.
Les enfants, de bonne heure, avaient devant les yeux
De leurs bonnes façons les exemples heureux,
Et conservaient encor, même dans un autre âge,
De ces honnêtetés le salutaire usage.
Aussi, de par le monde était-il établi
Que le peuple de France était le plus poli.
Un sans-gêne égoïste, envieux, plein d'audace,
De cette qualité tient aujourd'hui la place.

On le répète encor, dissolus romanciers,
Dramatiques auteurs et badins chansonniers,
Vous êtes pour beaucoup dans ces torts déplorables,
Par vous, depuis longtemps, les vices sont aimables,
Le peuple les savoure en vos légers écrits;
Voilà leurs beaux effets, voilà leurs tristes fruits.
De vos productions, à la ville, à la scène,
Il n'a que trop compris l'art et l'esprit obscène;
D'après vous, il n'a vu dans notre liberté
Que le moyen de mieux faire sa volonté;
Vous l'avez éloigné de toute dépendance,
En lui prêchant sans cesse une affreuse licence,
En remplissant son cœur de désirs insensés,
Qui ne peuvent, hélas! jamais être exaucés.
Qu'a-t-il donc retiré de ces affreux préceptes,
Dont nous voyons encore aujourd'hui trop d'adeptes?
Cessez de le tromper, malveillants écrivains;
Vos soins trop empressés décèlent vos desseins.

Un jour, de ces écrits devenus meilleurs juges,
En reconnaîtrons-nous les cruels subterfuges?
Ne verrons-nous pas que le meilleur ne vaut rien,
Et qu'on n'en peut jamais retirer aucun bien?
Qu'un journal, quel que soit le drapeau qu'il arbore,
Est et sera toujours la boîte de Pandore;
Et que celui-là même, animé du désir
De calmer les partis, de ne pas les aigrir,
Est encore nuisible, et plus qu'on ne le pense,
En ne consentant pas à passer sous silence
Des faits qu'il faudrait taire, et dont le souvenir
Ne fait que rappeler, ranimer et grandir
De vives passions sans cesse trop à craindre,
Et que chacun de nous doit s'efforcer d'éteindre?

Le peuple, enfin, doit voir quel est le triste fruit
Des vices par lesquels sa raison s'abrutit;
Il sait, quoiqu'on le prône avec force louange,
Que son cœur est fragile, et qu'il n'est pas un ange.

Sans doute, il s'aperçoit qu'en flattant ses erreurs,
On accroît sa misère, on cause ses malheurs;
Il doit vouloir qu'on change et qu'on améliore
Son triste état moral qu'avec nous il déplore;
Que, réformant les torts de son instruction,
On le ramène un jour à la religion,
Au bien-être, à l'amour, à la foi de ses pères,
Afin de retrouver des joies en ses misères,
Les adoucissements, les consolations,
Dont il a tant besoin dans ses afflictions.

Quand le dédale affreux de l'horrible anarchie
Aura bouleversé notre pauvre patrie,
Que de vils émeutiers au désordre excités,
Ivres, à moitié nus, aux lugubres clartés
Des flambeaux de la nuit, surgiront dans la rue,
Apportés par les flots d'une aveugle cohue,
Se ruant à l'envi, par un instinct fatal,
Dans tous les lieux où va se commettre le mal,

Qui n'y manque jamais, stupide populace,
Qu'on voit, au premier bruit, accourir sur la place,
Avide, curieuse, attendant du nouveau,
En demandant partout, à l'émeute, au bourreau;
  Quand ces hommes tarés, aux infâmes allures,
Nous montreront encor leurs atroces figures,
Sataniques portraits, visages inconnus,
Qu'après ces temps d'horreur on ne rencontre plus,
Ignobles ramassis, types abominables,
Qui sortent de la terre en ces jours déplorables,
Fléau que dans sa rage, en ces calamités,
L'affreux démon du mal vomit en nos cités,
Et dont, nous l'avons vu, l'exécrable alliage
Nous fait trop pressentir le meurtre et le pillage;
Qu'ils viendront, menaçant nos habitations,
Vociférer leurs cris et leurs chants furibonds,
Marquer d'un rouge trait celles dont l'apparence
Peut de quelque butin leur donner l'espérance,

Et bientôt essayer, dans leur avidité,
De piller en criant : Vive la liberté !

Enfin, quand pour punir, réprimer tant de crimes,
Le sang aura coulé, que de pauvres victimes,
Malheureux égarés, dignes d'un meilleur sort,
Dans un affreux combat auront trouvé la mort,
Que leurs corps, au milieu des pavés et des armes,
Resteront exposés à nos yeux pleins de larmes,
Que de nombreux vaincus, bientôt se repentant,
Gémiront à l'aspect du sort qui les attend;
Que des femmes en pleurs, folles, échevelées,
Viendront chercher parmi ces têtes mutilées,
En faisant retentir l'air de pénibles cris,
L'une un frère, un ami, l'autre un époux, un fils,
Et qu'alors dans la France une morne tristesse
Annoncera partout son extrême détresse;

Qu'aura-t-il donc gagné ce peuple au nom duquel
A l'affreuse anarchie on aura fait appel,

En lui laissant toujours, par de fausses promesses,
Entrevoir le bonheur, la joie et les richesses?
En sera-t-il venu, par ces événements,
A trouver à son sort des adoucissements,
A vivre sans travail et rencontrer l'aisance
Dans un lâche repos ou dans la nonchalance?
Nous savons trop que non. De ces commotions
Que ressort-il pour lui? mille déceptions,
L'anéantissement des arts, de l'industrie,
Des travaux sans lesquels la triste pénurie,
La misère, la faim, accourent absorber
L'épargne qu'au labeur il a pu dérober.

Pauvre peuple aveuglé, fragile espèce humaine,
Pourquoi faut-il t'entendre, ainsi qu'une âme en peine,
Sans cesse t'écrier : Vive la Liberté !
Quel espoir fondes-tu sur cette déité,
Insaisissable bien, décevante chimère,
Météore trompeur, faux jour, spectre solaire

Que, depuis trop longtemps, on présente à tes yeux
Comme un bien qui te manque et doit te rendre heureux?
A-t-elle su, dis-le, répondre à notre attente,
T'apporter le bonheur, cette fille innocente,
Qui donnait à nos cœurs, émus d'un saint transport,
L'espoir si séduisant d'un salutaire accord?
Qui la reconnaîtrait? Ah! comme elle est changée!
Dans quel affreux état nous la vîmes plongée!
Qu'avait-elle donc fait de sa fière candeur,
Quand elle vint, hélas! se vautrer sans pudeur,
Dans des romans impurs, dans des écrits infâmes,
Dans les bals, chez Thalie, ou dans d'atroces drames,
Dans l'émeute cruelle, au-devant des mutins,
Les guidant de sa voix aux meurtres, aux larcins?
  Tu le vois, ce n'est plus cette déesse sage,
De son pouvoir jurant de faire un noble usage,
Qui, d'un air d'abandon, venait à ton réveil
Se jeter dans tes bras après un long sommeil.

Pourquoi courir après cette trompeuse image?
Gémis-tu chaque jour dans un dur esclavage?
Qu'as-tu donc? te voit-on courber, en soupirant,
Ta tête sous la loi d'un farouche tyran?
Dans tes actes publics ou dans ta vie intime,
Qui te dérange, dis? La corvée ou la dîme
Viennent-elles encor diminuer le pain
Qu'à tes enfants tu dois donner chaque matin?
Faut-il te rappeler l'Empire avec ses gloires
Qui, plus tard, nous coûta tant de cruels déboires?
Les sacrifices faits à ses conscriptions,
Décimant sans pitié nos populations?
Tant de Français couchés en terres étrangères,
La désolation, les larmes de leurs mères?
Les besoins de la vie à peine satisfaits
Par le prix excessif de ses divers objets,
Et la France envahie, au milieu des ruines,
Courbant son triste front sous les fourches caudines?

Lis un peu notre histoire et compare les temps,
Vois si nous avons lieu d'être si mécontents.
De quelle violence as-tu donc à te plaindre,
Et quelle oppression maintenant peux-tu craindre?
As-tu jamais vécu plus en sécurité?
Que demandes-tu donc à cette Liberté,
Éblouissant appât, vérité mensongère,
Infidèle vigie, espérance éphémère,
Impuissante à répondre à ce vague désir
Qui t'obsède et que tu ne peux pas définir?

De ces maux inouïs pour voir enfin le terme,
Hélas! serait-il vrai qu'il nous faut un bras ferme,
Un esprit calme et fort, animé du désir
De bien récompenser, de justement punir,
Les services rendus à la mère-patrie,
Les crimes qui la font tomber dans l'anarchie?
Le Français, qui souvent n'aime que ce qu'il craint,
A de sévères lois a besoin d'être astreint;

S'il ne redoute rien, il veut parler en maître;
Que de prétentions alors il fait connaître!
Devant un pouvoir fort, il n'est plus opposant,
Il sert avec orgueil un monarque imposant
Et méprise le Roi sans vigueur et sans force
Qui tolère l'injure et bonnement s'efforce
Par des concessions, images de la peur,
D'apaiser les partis, d'acheter leur faveur;
Enfin, tel est l'esprit qui sans cesse l'anime,
Qu'il préfère toujours celui qui le décime,
Mais l'enivre de gloire, au prudent souverain
Qui ménage son sang et lui donne du pain.

A des destins meilleurs chacun voulant atteindre,
De sa position croit avoir à se plaindre;
Un désir de bien-être assiége notre esprit
Et fait qu'on méconnaît celui dont on jouit.
Il nous faut du nouveau, nous espérons sans cesse
Qu'il nous apportera le bonheur, la richesse.

Prenons garde, le mieux est l'ennemi du bien,
Et souvent, quand on veut trop avoir, on n'a rien.
L'avenir est à nous, il doit encor, sans doute,
Ouvrir sur plus d'un point une nouvelle route;
Mais, pour de nos désirs assurer le succès,
Marchons modérément vers un sage progrès,
Évitons, en suivant le chemin qu'il nous ouvre,
Le sentier périlleux que parfois il découvre.
La fortune jamais ne sourit au repos
Et ne vient pas toujours couronner les travaux.

Aujourd'hui, quoi qu'on fasse, il est bien difficile
De découvrir encor quelque chose d'utile;
Il s'agit beaucoup moins de chercher l'inconnu
Que de se maintenir où l'on est parvenu.
En notre pauvre France un mal sourd se décèle.
Aurions-nous donc atteint le sommet de l'échelle?
Arrivons-nous, hélas! à ces commotions
Promises, tôt ou tard, aux grandes nations;

Où les peuples, saisis d'un esprit de démence,
Entraînent leur pays vers une décadence
Dont la pente rapide, en ces néfastes jours,
Ne lui permet jamais de remonter le cours?
Faudra-t-il voir chez nous la discorde cruelle,
Portant sur notre État une main criminelle,
Le pousser à sa perte avec acharnement,
Nous rendre de nos maux la cause et l'instrument,
Et, répandant partout ses affreux stratagèmes,
Pour nous détruire, enfin, se servir de nous-mêmes?

O ma chère Patrie, est-ce là ton destin ?
Marcherais-tu déjà vers un fatal déclin ?
Toi, l'orgueil de ce monde et naguère si belle,
Qu'à la gloire, à l'honneur, on vit toujours fidèle,
Que longtemps la Fortune accabla de faveurs,
Quel mal a dans ton sein répandu ses fureurs ?
Est-il vrai qu'il renferme un essaim de barbares
Tout prêt à renverser nos foyers, nos dieux lares,

A fouler à ses pieds nos institutions
Afin de contenter d'atroces passions?
Oh! non, non, il te reste encore des années,
Tu ne dois pas ainsi finir tes destinées,
Et ton peuple, malgré qu'on veuille le tromper,
Dans un crime si grand ne voudrait pas tremper.
Evitons d'amener ce dernier cataclysme;
Les révolutions naissent du despotisme,
Le despotisme naît des révolutions,
De grands maux sont le fruit de ces mutations.

Non, tout n'est pas perdu, l'esprit de malveillance
Commence à reconnaître, enfin, son impuissance.
La force, que reprend chaque jour le Pouvoir,
Doit prescrire à chacun de remplir son devoir.
Malheur à qui voudrait de nouveau méconnaître
L'obéissance et l'ordre, en troubler le bien-être.
Plus dans un grand pays règne de liberté,
Plus il faut qu'on gouverne avec sévérité.

La nation, déjà sagement éclairée
Sur les intentions d'une presse égarée,
Appréciera bientôt à sa juste valeur
Les produits journaliers de son esprit trompeur;
Quels que soient son talent, son adresse et sa ruse,
On aperçoit enfin les moyens dont elle use.
On se plaint, on déplore avec juste raison
Qu'elle ait pu si longtemps répandre le poison
De lâches écrivains, soldats pusillanimes,
Sous un drapeau sans nom, combattants anonymes,
Se cachant pour frapper, s'embusquant pour viser,
Attaquant sans lutter, tuant sans s'exposer.

Il est heureusement assez d'hommes encore,
Honnêtes écrivains dont la France s'honore,
Qui joignent le mérite à la capacité,
La droiture au talent, l'art à la probité;
Qui, de cet heureux don d'exprimer la pensée
Se sont toujours servis d'une façon sensée,

Et de la mission d'instruire le public
N'ont jamais voulu faire un odieux trafic.
Gloire à ces bons esprits, à leur sage langage!
Du beau talent d'écrire ils font un noble usage,
Car pour eux ce grand art n'est pas un vil métier,
Un désir incessant de noircir du papier,
Une indigne industrie, un état, un négoce;
C'est un sacré devoir, un pieux sacerdoce,
Opposant chaque jour aux produits immoraux,
Qui de l'esprit humain sont les plus grands fléaux,
Des écrits où respire une morale pure
Et de nobles vertus la touchante peinture;
Ils nous prêchent surtout de vivre en bons amis,
De tout sacrifier au bonheur du pays;
Et quoique, trop souvent, à leurs leçons aimables
On veuille préférer des ouvrages blâmables,
Les avertissements de leur prudente voix

Touchent pourtant les cœurs et s'y gravent parfois.
Honneur, reconnaissance à ceux qui sans relâche
S'efforcent d'accomplir une si belle tâche!
Les services rendus à la société
Reçoivent, tôt ou tard, ce qu'ils ont mérité.

Le Peuple, à chaque instant, acquiert l'expérience
Nécessaire pour mieux placer sa confiance;
Ouvrant, enfin, des yeux trop longtemps éblouis,
Bientôt il pourra voir où sont ses vrais amis;
De concert avec eux, que de bien il peut faire
Pour cette belle France à son cœur toujours chère;
Il réalisera ce salutaire accord,
Et nous pourrons crier, satisfaits d'un tel sort :
Devant cette union qu'aucun parti ne bouge,
La Liberté pour nous n'a plus de bonnet rouge.

Oui, nous pouvons encor par la saine raison
Ouvrir à nos destins un nouvel horizon.
Que la Vérité seule, en son langage austère,

Fasse fuir loin de nous toute vaine chimère.
Sous le joug des tyrans la Liberté périt,
Par trop d'extension de même elle finit;
Où cesse son bienfait commence la licence.
Le jour est arrivé de marquer la distance
Que, pour le bien de tous, elle peut parcourir,
Mais qu'elle ne doit pas essayer de franchir.
Pour éviter l'excès, l'erreur d'aucune ivresse,
Soyons, à son égard, sans haine et sans tendresse;
Ne lui supposons pas le pouvoir d'extirper
La misère, les maux qui viennent nous frapper;
Ne nous en faisons pas non plus un noir fantôme,
Et de tous les malheurs un effrayant symptôme.
Considérons-la comme un utile trésor
Dont il faut en tout temps ne pas prodiguer l'or,
Mais où nous puiserons afin de satisfaire
Aux besoins renaissants du juste nécessaire,
Et non pour assouvir les goûts d'un superflu

Toujours plus exigeant dès qu'il a prévalu.
C'est en sachant garder cet heureux équilibre
Que le Peuple sera véritablement libre.
  Pour telle dynastie ou telle opinion
Quel que soit le degré de notre affection,
Il est un sentiment, chez nous héréditaire,
Qui doit la dominer, toujours la faire taire;
C'est un amour sans borne à la France, au pays,
A la patrie, enfin, qu'il nous faut, à tout prix,
Conserver grande, libre, exempte du désordre
Dans lequel on la voit depuis longtemps se tordre.
De cet amour sacré nous sentons le besoin,
Ranimons-le chez nous avec le plus grand soin;
Pour le voir triompher faisons tout sacrifice;
Seul il peut nous sauver, nous devenir propice.

  J'ai vu mon temps, ses mœurs, les vives passions,
Les maux nés des excès dans les opinions;

J'ai vu naître, éclater des crises politiques
D'où surgissent toujours des idées anarchiques
Trop promptes à répandre une affreuse terreur,
Effrayer les esprits, présager le malheur.
Pénétré de tristesse en contemplant ces choses,
Leurs violents effets et leurs funestes causes,
Que l'abus de l'esprit, l'orgueil, l'ambition,
Le désordre, l'envie et la désunion
Alimentent toujours; j'ai, non sans amertume,
Tracé ces quelques mots inspirés à ma plume
Par un sincère amour du bien de mon pays
Et le besoin de voir tous ses enfants unis.

L'orage trop longtemps a fait courber nos têtes,
Il faut enfin vouloir écarter les tempêtes.
Que la paix, l'union rentrent dans tous les cœurs,
Et l'avenir pour nous aura des jours meilleurs.
Que le Français, surtout, sache être libre et sage;

C'est la condition et l'assuré présage
D'une prospérité dont le cours ramené
Doit nous faire jouir d'un sort plus fortuné.

Le corps reprend sa force après la maladie,
La rigueur de l'hiver du printemps est suivie ;
La glace qui se fond laisse le courant d'eau
Revenir tout joyeux raviver le hameau ;
Au doux soleil d'avril, aux gouttes de l'aurore,
La terre reverdit, s'échauffe et se colore ;
Les longs jours, les vents doux remplacent les autans ;
L'herbe croît et les fleurs couvrent bientôt les champs ;
Les moissons et les fruits, puis après les vendanges
Fournissent tous les ans nos celliers et nos granges :
De même doit pour nous recommencer le cours
Des occupations et des paisibles jours,
Que donne le travail, que donne la concorde,
Exempts des maux cruels qu'enfante la discorde.

L'obéissance, l'ordre et la sécurité
Ne s'éloigneront plus de notre liberté.
Nous verrons le commerce, avec la confiance,
Refleurir et verser sa salutaire aisance,
Le temps s'écouler vite au milieu des travaux,
Et le plaisir charmer les instants du repos.

Ne comptons désormais sous nos lois tutélaires
Que des cœurs bienveillants, des amis et des frères.
Que nous ont donc valu ces débats, ce courroux
Qu'une âcre politique élevait entre nous?
S'entre-aimer est si doux, s'entendre est si facile,
Et l'on peut, si souvent, l'un à l'autre être utile!
Nobles, prêtres, bourgeois, artisans, ouvriers,
Laboureurs, gens de robe et de tous les métiers,
Qu'à vivre en bons amis chacun de vous s'efforce;
La paix fait le bonheur, l'union fait la force.

Rapprochons-nous, et que le plus sincère accord
De notre courte vie embellisse le sort.

Je verrai ce bon temps, et cet espoir prospère
Vient d'une heureuse larme humecter ma paupière.

Oubliez ce que vaut cette production,
Ne la jugez que sur sa bonne intention.
Vous le voyez, lecteur, je ne suis pas poëte,
Les Muses font défaut à mon humble requête;
Je rime et voilà tout; l'imagination
Manque à mon bon vouloir, trompe ma passion
Et me laisse en chemin; mon oreille indulgente
De l'accord des deux sons volontiers se contente ;
Ne pouvant faire mieux, mon génie incomplet,
En alignant des mots, vise moins à l'effet,

Qu'à mettre en évidence, en mon faible langage,
Des maux qui, parmi nous, causent tant de ravage.
J'engage le combat; d'autres continueront
Mieux que moi cette tâche, et la termineront.

Imprimerie de HENNUYER et Cᵉ, rue Lemercier, 24. Batignolles.

www.ingramcontent.com/pod-product-compliance
Lightning Source LLC
LaVergne TN
LVHW010106230826
846091LV00005B/2115
9782013249652